Descubra o guia definitivo para criar imagens únicas e inspiradoras de santos católicos com nosso eBook passo a passo. Com anos de experiência como Pasconeiro na Pastoral da Comunicação, elaboramos artes para diversos eventos da igreja, trazendo técnicas práticas e criativas para a produção de obras que capturam a essência espiritual e estética das figuras santas. Transforme sua visão artística em imagens marcantes e enriquecedoras para a sua prática religiosa.

1. Introdução ao Uso de IA para Geração de Imagens

Antes de começar, é essencial entender que a IA, através de modelos avançados de geração de imagens, consegue criar representações visuais a partir de descrições textuais detalhadas, chamadas de prompts.

Esses modelos podem gerar estilos variados de imagens, como realistas, artísticos ou inspirados em vitrais.

As imagens de santos católicos são tradicionalmente detalhadas, possuindo elementos simbólicos profundos.

Utilizar IA pode facilitar a criação de representações visuais precisas e com alta qualidade.

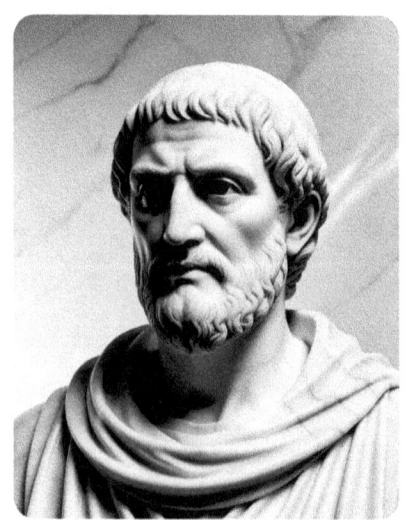

Busto de Santo Agostinho criado pela IA

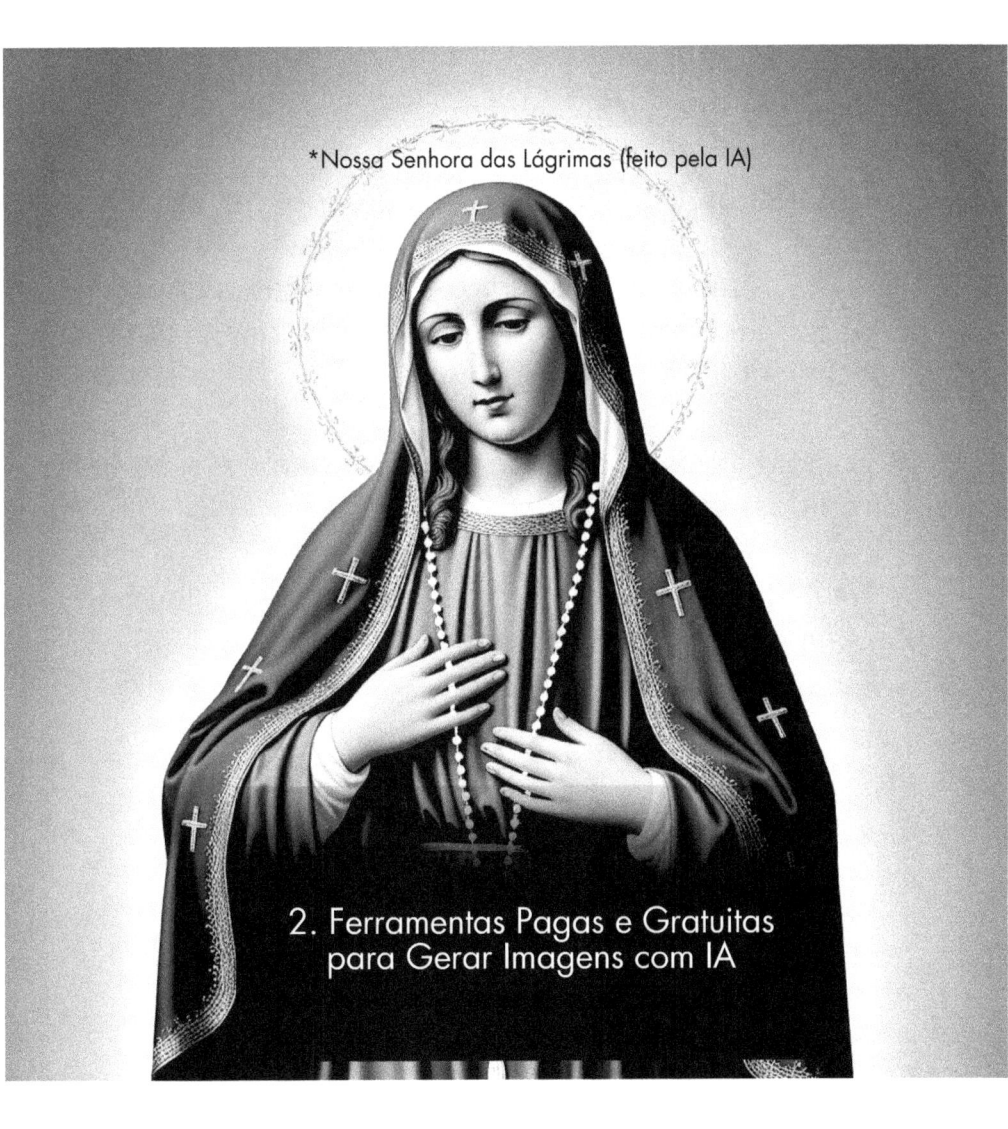

Ferramentas Gratuitas

a. Craiyon (anteriormente DALL-E mini)

- Website: https://www.craiyon.com/

- Descrição: Um modelo de geração de imagens gratuito que pode criar ilustrações a partir de textos. Embora mais simples que algumas opções pagas, é uma boa ferramenta para quem deseja começar com prompts simples.

- Pontos fortes: Fácil de usar e gera resultados rápidos.

- Limitações: A qualidade pode ser limitada comparada com ferramentas pagas.

Daniel Menezes

COMO GERAR IMAGENS

Exclusivas de Santos Católicos Usando Inteligência Artificial

*Nossa Senhora do Livramento

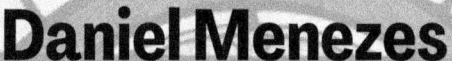

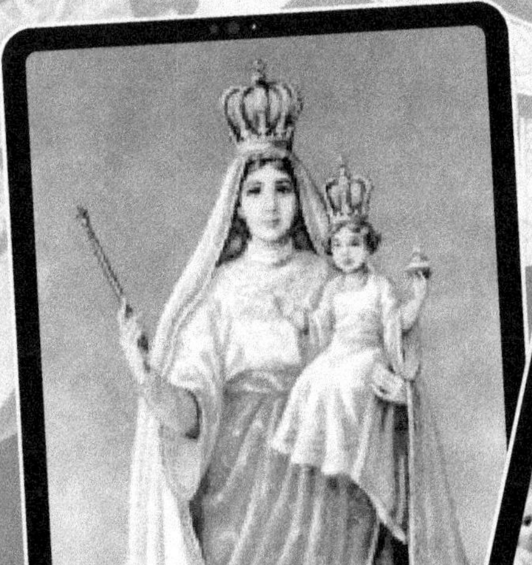

Original 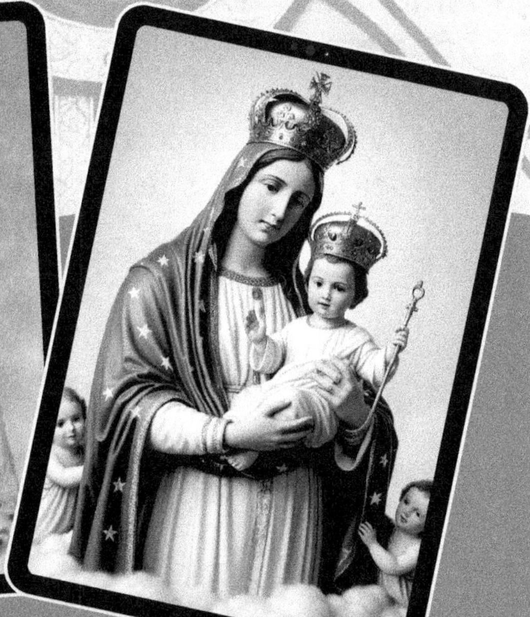   Feito pela IA

Criar imagens perfeitas de santos católicos com a ajuda de inteligência artificial (IA) é uma forma inovadora de expressar a fé e gerar conteúdo artístico exclusivo. Este guia fornece um passo a passo para quem deseja aprender a criar essas imagens, utilizando ferramentas de IA gratuitas e dicas para aprimorar os resultados. O foco é em gerar imagens realistas, artísticas ou com o efeito de vitral, explorando ao máximo as capacidades das tecnologias atuais.

Ferramentas Gratuitas

b. Deep Dream Generator

- Website: https://deepdreamgenerator.com/

- Descrição: Oferece estilos artísticos variados, permitindo que você crie imagens com um visual artístico ou até surrealista.

- Pontos fortes: Ferramenta ótima para criar versões artísticas e estilizadas de imagens.

- Limitações: Foco em arte abstrata, pode não ser o melhor para representações realistas.

c. Artbreeder

- Website: https://www.artbreeder.com/

- Descrição: Uma plataforma que permite modificar imagens existentes e criar novas a partir de variações. Pode ser usado para criar rostos ou modificar composições de santos católicos, dando um toque mais humano e realista.

- Pontos fortes: Foco em imagens realistas, com controle detalhado sobre as características faciais.
- Limitações: É necessário iniciar com uma imagem base.

d. Dream by WOMBO
- Website: https://www.wombo.art/

- Descrição: Gera imagens artísticas a partir de prompts de texto. Muito útil para criar imagens no estilo de vitral ou arte digital religiosa.
- Pontos fortes: Variedade de estilos artísticos, ideal para criar representações mais espirituais.
- Limitações: Menos controle sobre aspectos detalhados das imagens.

Ferramentas Pagas
(com limite de crédito ou plano de assinatura))

Essas ferramentas oferecem planos de pagamento com créditos limitados ou mensalidades que permitem gerar imagens de alta qualidade:

Leonardo AI

- **Descrição:** Leonardo AI é uma ferramenta que combina poderosos recursos de geração de imagens com um sistema de créditos. Famosa por sua versatilidade, a ferramenta permite criar imagens realistas, artísticas ou estilizadas.

- **Estilo:** Realista, vitral, artístico.
- Uso de crédito: Oferece planos de pagamento baseados em créditos, com uma boa quantidade de créditos gratuitos por mês.

- **Pontos fortes:** Interface fácil de usar, gera imagens com alta qualidade de detalhes.

- **Website:** https://www.leonardo.ai/

Ferramentas Pagas
(com limite de crédito ou plano de assinatura)

Copilot AI (Bing)

- **Descrição:** Parte da família Microsoft, o Copilot AI pode ser integrado ao Microsoft Designer, facilitando a criação de imagens e edições diretamente em aplicativos do Office, como PowerPoint e Word. Ideal para criar imagens de santos católicos para apresentações ou artes personalizadas.

- **Estilo:** Variado, realista, estilizado.

- **Uso de crédito:** Disponível dentro dos produtos Microsoft com planos pagos baseados em assinaturas.

- **Pontos fortes:** Integração direta com ferramentas de produtividade, fácil de usar para designers que já utilizam o Microsoft Designer.

- **Website:** https://www.microsoft.com/en-us/microsoft-designer

Ferramentas Pagas
(com limite de crédito)

MidJourney

- **Descrição:** Uma das ferramentas mais poderosas e populares para criar arte digital através de prompts. A qualidade das imagens geradas é altamente detalhada, ideal para criar representações realistas, artísticas e estilizadas de Santos Católicos.

- **Estilo**: Artístico, realista, pintura clássica, vitral.

- **Uso de crédito:** Oferece pacotes de assinatura mensal com limite de créditos para uso.

- **Pontos fortes:** Excelente para estilos artísticos detalhados, especialmente imagens religiosas.

- **Website**: https://www.midjourney.com/

Ferramentas Pagas
(com limite de crédito ou plano de assinatura)

DALL-E 3 (Open AI)

- **Descrição:** A versão mais avançada da OpenAI para criação de imagens. Muito eficiente para gerar imagens com base em prompts detalhados, e oferece a opção de melhorar as imagens com precisão.

- **Estilo**: Realista, artístico, vitral.

- **Uso de crédito**: A OpenAI oferece um pacote gratuito inicial com créditos limitados, com opções de compra de mais créditos.

- **Pontos fortes:** Grande controle sobre detalhes da imagem, gera imagens altamente precisas e profissionais.

- **Website**: https://openai.com/dall-e-3

Ferramentas Pagas
(com limite de crédito ou plano de assinatura)

Adobe Firefly

- **Descrição:** A ferramenta de IA de criação de imagem da Adobe, que integra-se com o Photoshop. Muito útil para designers que querem gerar rapidamente artes de santos católicos e ajustar diretamente dentro do Photoshop.

- **Estilo:** Artístico, estilizado, abstrato, realista.

- **Uso de crédito:** Adobe oferece créditos limitados por mês, além de opções pagas para uso mais intensivo.

- **Pontos fortes:** Integração com a Adobe Suite, como Photoshop e Illustrator.

- **Website:**https://www.adobe.com/sensei/generative-ai/firefly.html

Ferramentas Pagas
(com limite de crédito ou plano de assinatura)

NightCafe

- **Descrição**: Ferramenta paga com sistema de créditos, permite criar arte digital em diferentes estilos, de realista a abstrato, usando IA para gerar imagens de santos católicos.

- **Estilo**: Artístico, vitral, pintura digital.

- **Uso de crédito:** Gera imagens com créditos que podem ser comprados e usados conforme a necessidade.

- **Pontos fortes:** Fácil de usar e oferece uma ampla gama de estilos artísticos.

- **Website**: https://creator.nightcafe.studio/

Stable Diffusion

- **Descrição**: Stable Diffusion é uma IA open-source que permite a criação de imagens de alta qualidade com liberdade total para os usuários. Ela é amplamente usada para criar desde artes abstratas até imagens fotorrealistas. Sua flexibilidade e o fato de ser de código aberto tornam o Stable Diffusion uma ferramenta bastante popular entre desenvolvedores e artistas.

- **Website**: https://playground.com/
- https://www.seaart.ai/pt

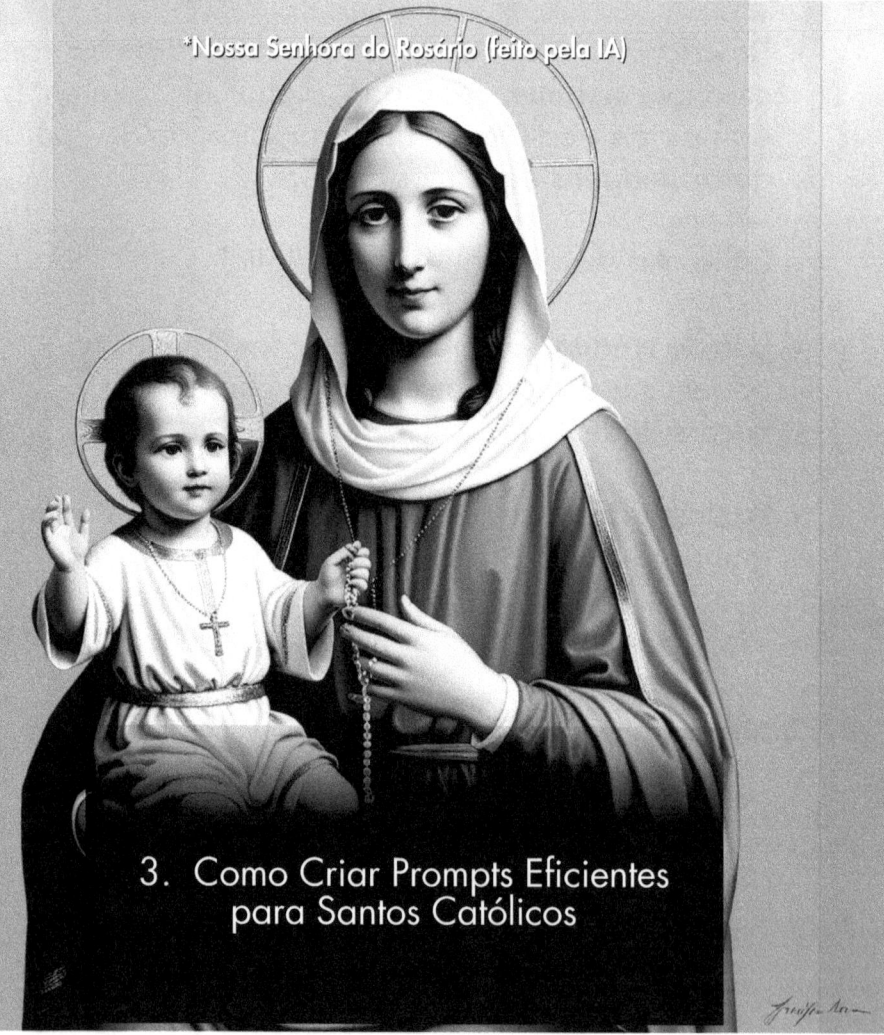

*Nossa Senhora do Rosário (feito pela IA)

3. Como Criar Prompts Eficientes para Santos Católicos

Os **prompts** são o coração da geração de imagens por IA. Um prompt é uma descrição textual que orienta a IA sobre o que criar. Para imagens de santos católicos, o segredo está em detalhar minuciosamente as características desejadas.

a. Estrutura Básica de um Prompt

- Tema central: O nome e características específicas do santo.

Exemplo: "Saint Francis of Assisi".

- Estilo artístico: Especifique o tipo de arte que você deseja, como realista, vitral, renascentista, etc.

Exemplo: "in a stained glass style" ou "in Renaissance painting style".

- Cenário e cores: Descreva o fundo ou o ambiente em que o santo estará inserido e as cores predominantes.

Exemplo: "surrounded by nature, with green and blue tones".

- Elementos simbólicos: Inclua detalhes importantes, como objetos que o santo carrega ou gestos.

Exemplo: "holding a dove in his hands, with a serene expression".

b. Exemplo de Prompt Completo:

"Saint Francis of Assisi, in a stained glass style, surrounded by animals, wearing a brown robe, holding a dove in his hands, with a golden halo above his head, in a church setting, with vibrant green and blue colors."

c. Dicas para Melhorar Prompts

- Seja específico: Quanto mais detalhes sobre a cena, as expressões e as cores você fornecer, mais precisa será a imagem gerada.

- Evite redundâncias: Se algo já foi mencionado, não é necessário repetir. Use essa oportunidade para adicionar novos detalhes.

- Teste e ajuste: O primeiro resultado nem sempre será perfeito. Ajuste seu prompt conforme necessário.

*Santa Anna, São Joaquim e a jovem Maria (feito pela IA)

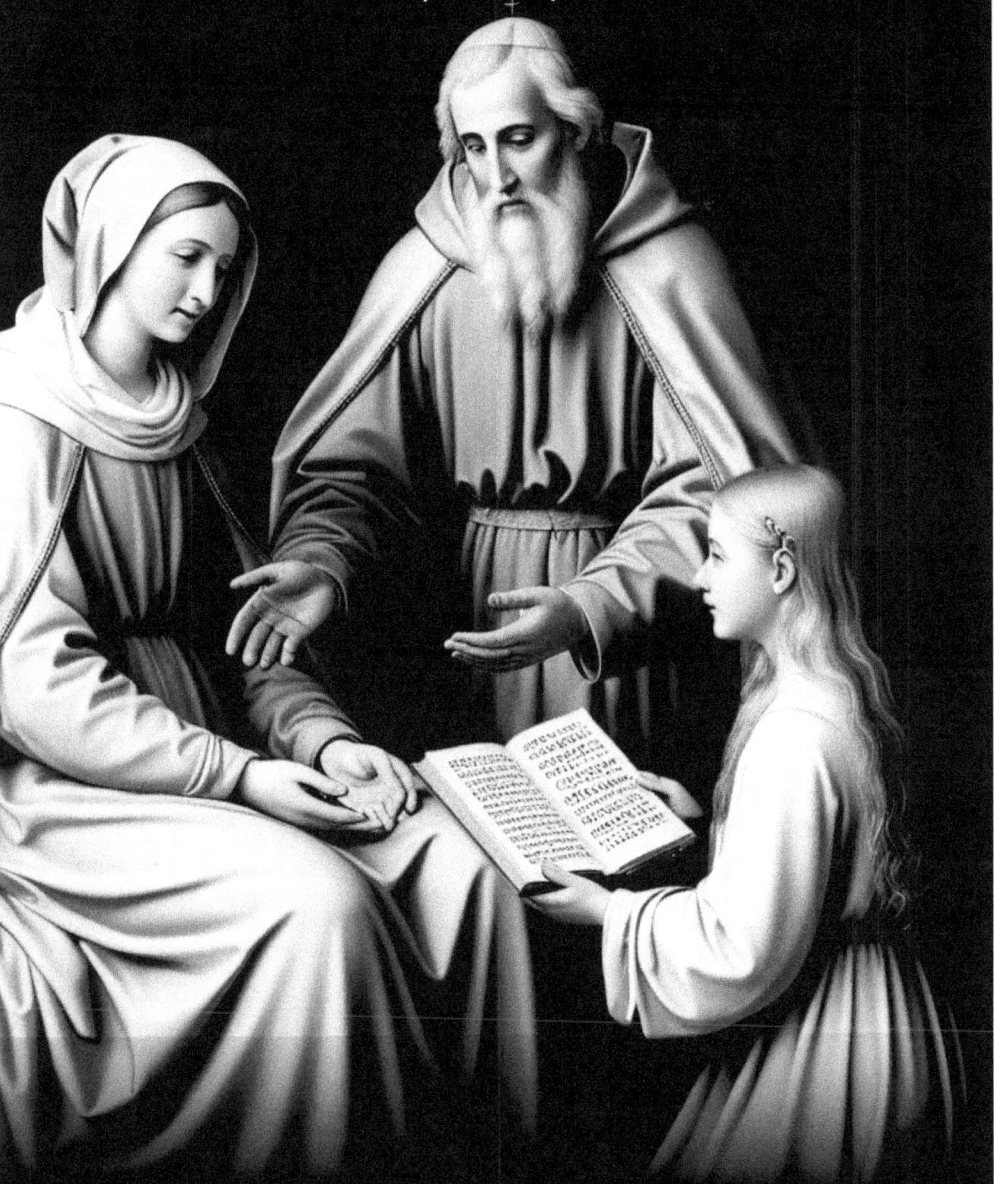

4. Exemplos de Estilos Artísticos de Santos

a. Imagens Realistas

O estilo realista se concentra em detalhes precisos e fidedignos, perfeito para gerar imagens de santos com uma aparência próxima à realidade.

- **Prompt Exemplo 1:** "A highly detailed, realistic portrait of Saint Francis of Assisi, with soft lighting, wearing a brown monk robe, standing in a peaceful forest with animals around, highly detailed textures and lifelike features."

- **Prompt Exemplo 2:** "A photo-realistic image of Saint Teresa of Ávila, set in a dimly lit church, surrounded by candles, focusing on her facial expression of contemplation, with intricate details on her attire."

b. Estilo Vitral

O vitral tem um estilo tradicionalmente usado em igrejas, onde santos são representados com traços simplificados, cores fortes e contornos marcados.

- **Prompt Exemplo 1:** "A vibrant stained glass window of Saint Peter holding keys, designed with strong outlines and bright colors, intricate details in the background, set in a gothic cathedral style."

- **Prompt Exemplo 2:** "Stained glass art of Saint Joseph holding baby Jesus, surrounded by lilies, using bold lines, rich colors, and a glowing background of a cathedral."

c. Busto Estilo Estátua Grega

Esse estilo busca imitar a estética de estátuas gregas antigas, criando bustos com uma aparência de mármore ou pedra, ideal para imagens imponentes e simbólicas.

- **Prompt Exemplo 1:** "A marble bust of Saint Augustine, in the style of ancient Greek statues, with highly detailed facial features, fine marble textures, and an expression of wisdom and contemplation."

- **Prompt Exemplo 2:** "A Greek-style statue bust of Saint Mary Magdalene, sculpted from white marble, showcasing soft, serene facial expressions and intricate draped clothing."

c. Imagens Artísticas Inspiradas no Renascimento

Se o objetivo é criar imagens no estilo artístico renascentista, que remete às obras dos grandes pintores religiosos, o foco dos prompts deve ser em expressões faciais detalhadas, iluminação dramática e cenário celestial.

Exemplo de Prompt:

"Saint Michael, painted in Renaissance style, wearing golden armor, holding a sword, standing victorious over a dragon, with a heavenly background."

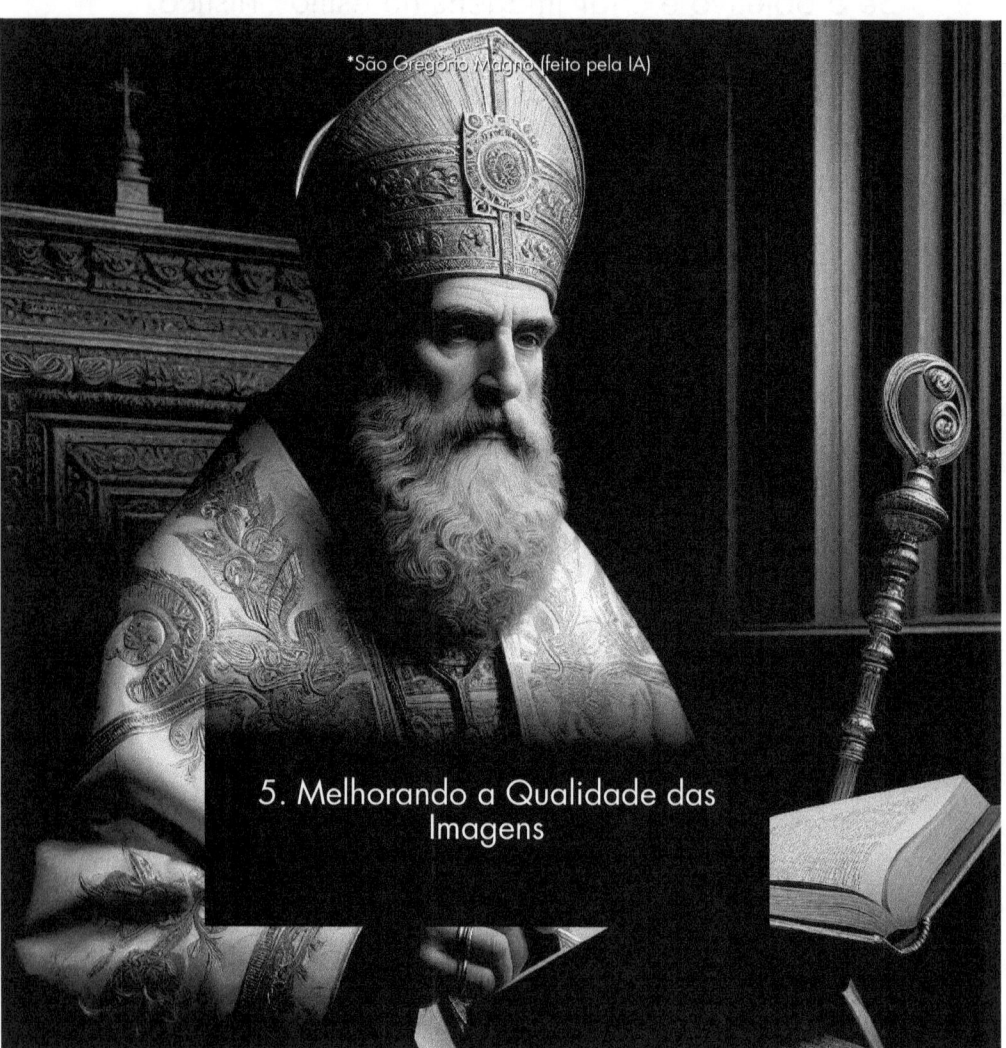
*São Gregório Magno (feito pela IA)

5. Melhorando a Qualidade das Imagens

Nem sempre a primeira imagem gerada será perfeita. Aqui estão algumas dicas para melhorar a qualidade:

a. Ajustes Finais com Edição

Mesmo que as ferramentas de IA gerem a imagem, você pode querer fazer ajustes finais. Use programas gratuitos como GIMP ou Photopea para pequenas edições, como ajustes de cor ou remoção de imperfeições.

b. Testes com Diferentes Ferramentas

Cada plataforma tem sua própria força. Experimente gerar a mesma imagem em diferentes ferramentas para comparar os resultados e escolher o que mais lhe agrada.

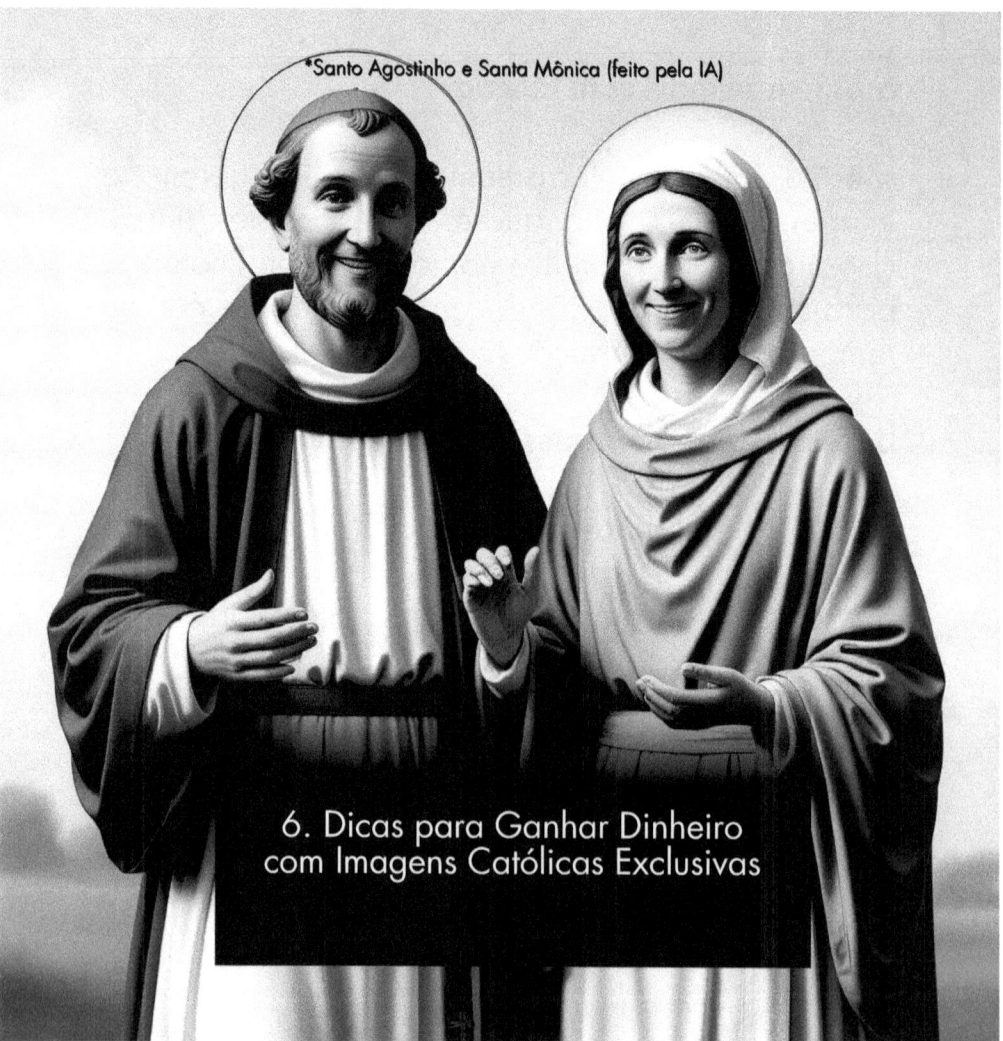

Crie um Portfólio Online

Construa um portfólio online para apresentar seus melhores trabalhos de design. Inclua uma variedade de estilos e opções, como logotipos, silhuetas, ilustrações, ícones, e layouts de materiais impressos.

Plataformas Online
Utilize plataformas populares como Behance, Dribbble e Wix para criar seu portfólio.

Conteúdo Relevante
Apresente projetos que demonstram sua expertise e criatividade em designs católicos.

Chamada para Ação
Incentive os visitantes a entrar em contato para solicitar um orçamento ou um projeto personalizado.

Defina uma Estrutura de Preços

Estabeleça preços justos para seus serviços de design, considerando a complexidade do trabalho, o tempo dedicado e o valor que você oferece.

Serviço	Preço Base	Faixa de Preços
Logotipo	R$ 500	R$ 500 - R$ 1.500
Silhueta	R$ 200	R$ 200 - R$ 500
Ilustração	R$ 300	R$ 300 - R$ 1.000

Venda Imagens em Plataformas de Design

Aproveite as plataformas de stock como Shutterstock, Adobe Stock e iStock para vender suas imagens e designs. Ganhe royalties cada vez que um cliente adquirir sua criação.

1. Qualidade
Crie imagens de alta qualidade, em alta resolução, com diferentes estilos e temas.

2. Palavras-Chave
Use palavras-chave relevantes e específicas para que suas imagens sejam encontradas facilmente.

3. Promoção
Promova suas imagens nas redes sociais para atrair mais clientes.

Ofereça Assinaturas ou Pacotes

Assinatura Mensal

Acesso a uma biblioteca de imagens católicas, com novos designs adicionados mensalmente.

Pacote Anual

Descontos em serviços personalizados, como criação de logotipos e ilustrações.

Pacotes Personalizados

Crie pacotes com serviços específicos, como criação de materiais impressos ou designs para mídias sociais.

Trabalhe com Igrejas e Comunidades Religiosas

Estabeleça parcerias com igrejas e organizações religiosas locais para oferecer seus serviços de design. Crie materiais promocionais, como folhetos, banners, designs de websites e posts para mídias sociais.

1. Contatos
Entre em contato com igrejas e comunidades religiosas em sua região.

2. Apresentação
Apresente seus serviços e demonstre como você pode ajudar na divulgação da fé.

3. Parcerias
Negocie parcerias para oferecer seus serviços a preços especiais.

Crie e Venda Produtos Personalizados

Utilize plataformas como Printful, Redbubble, e Etsy para criar e vender produtos personalizados com seus designs. Crie camisetas, canecas, posters, adesivos, e outros itens com temas católicos.

Camisetas

Crie designs exclusivos para camisetas com imagens, frases e símbolos religiosos.

Canecas

Imprima suas imagens em canecas para um presente único e personalizado.

Posters

Crie posters com mensagens inspiradoras, imagens de santos e paisagens de igrejas.

Promova Seus Serviços nas Mídias Sociais

Utilize as mídias sociais para mostrar seu trabalho e alcançar um público mais amplo. Crie perfis em plataformas como Instagram, Pinterest, Facebook, e LinkedIn.

1 — **Conteúdo de Alta Qualidade**
Publique imagens de seus designs com alta resolução e qualidade.

2 — **Hashtags Relevantes**
Utilize hashtags específicas para que seus designs sejam encontrados por um público interessado.

3 — **Engajamento**
Interaja com seus seguidores, respondendo a comentários e mensagens.

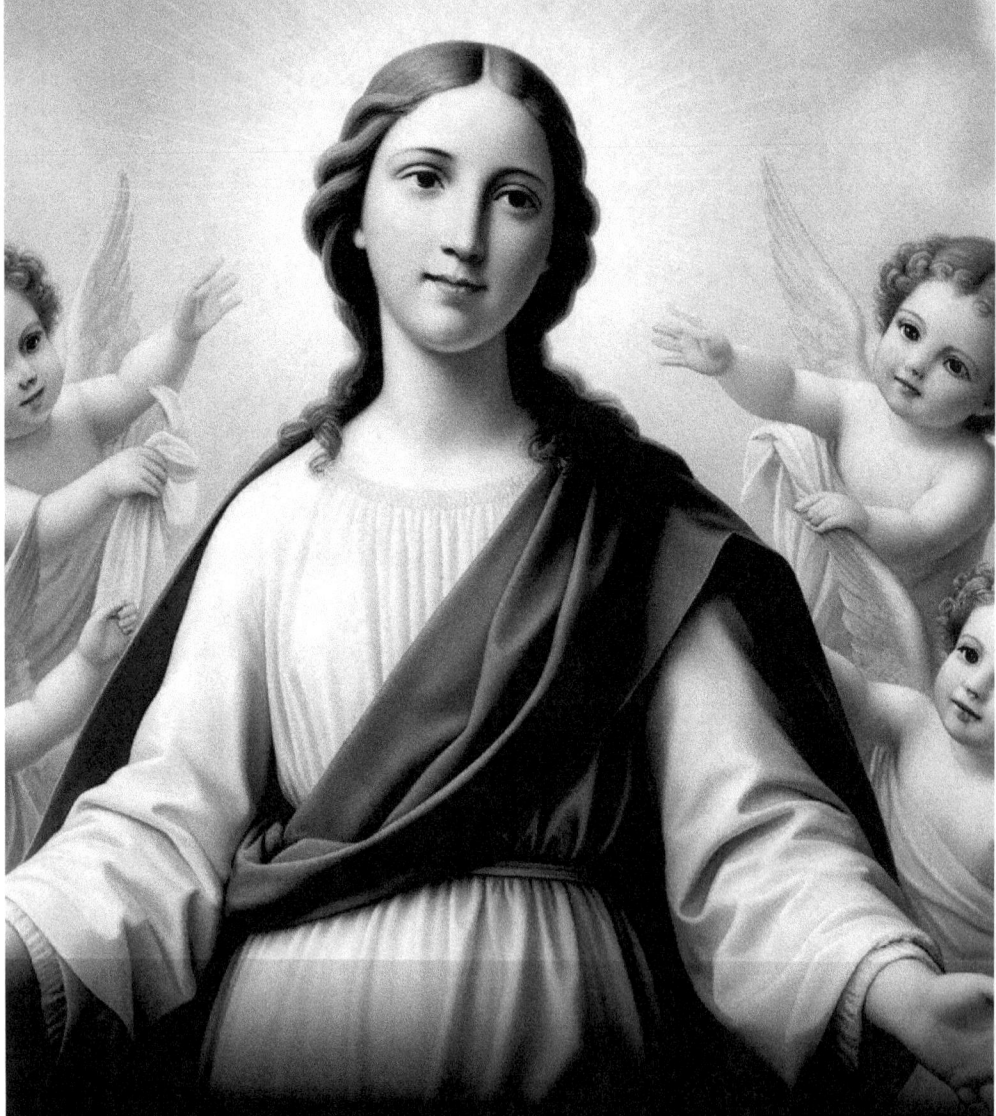

*Imaculada Conceição (feito pela IA)

7. Melhores Sites para Pesquisa de Santos em Alta Resolução

Para realizar uma releitura de santos católicos, é essencial ter acesso a imagens de alta qualidade e boa resolução. Aqui estão os melhores sites para pesquisar imagens de santos:

1. Wikimedia Commons

- **Descrição**: Um repositório livre de imagens de domínio público, incluindo uma vasta coleção de arte sacra e santos católicos. Oferece imagens de alta resolução que podem ser usadas para releituras.

- **Website:** https://commons.wikimedia.org/

2. Artvee

- **Descrição:** Artvee oferece uma ampla coleção de pinturas clássicas de domínio público, incluindo representações de santos e arte sacra. As imagens são de alta resolução, perfeitas para releituras.

- **Website**: https://artvee.com/

3. The MET Collection

- **Descrição**: O Museu Metropolitano de Arte oferece uma vasta coleção de arte sacra, com muitas representações de santos católicos. As imagens são de altíssima qualidade e podem ser usadas gratuitamente para releituras.

- **Website**:
  https://www.metmuseum.org/art/collection

4. Europeana

- **Descrição:** Uma plataforma que disponibiliza coleções digitais de museus e galerias de toda a Europa, com muitas obras religiosas e representações de santos. Oferece imagens de alta qualidade.

- **Website: https://www.europeana.eu/**

5. Google Arts & Culture

- **Descrição:** Uma plataforma que permite acessar imagens de obras de arte em museus e galerias do mundo todo, incluindo muitas representações de santos católicos. As imagens podem ser visualizadas em altíssima resolução.

- **Website:** https://artsandculture.google.com/

6. Unsplash

- **Descrição:** Embora seja mais focado em fotografia moderna, há boas opções para imagens religiosas, especialmente para santos contemporâneos ou representações artísticas.

- **Website:** https://unsplash.com/pt-br

7. Pexels

- **Descrição:** Outro banco de imagens gratuito, com muitas fotografias que incluem temas religiosos e santos católicos.

- **Website:** https://www.pexels.com/pt-br/

8. Pixabay

- **Descrição:** Oferece uma ampla gama de imagens gratuitas, incluindo fotografias, ilustrações e arte sacra de santos.

- **Website:** https://pixabay.com/

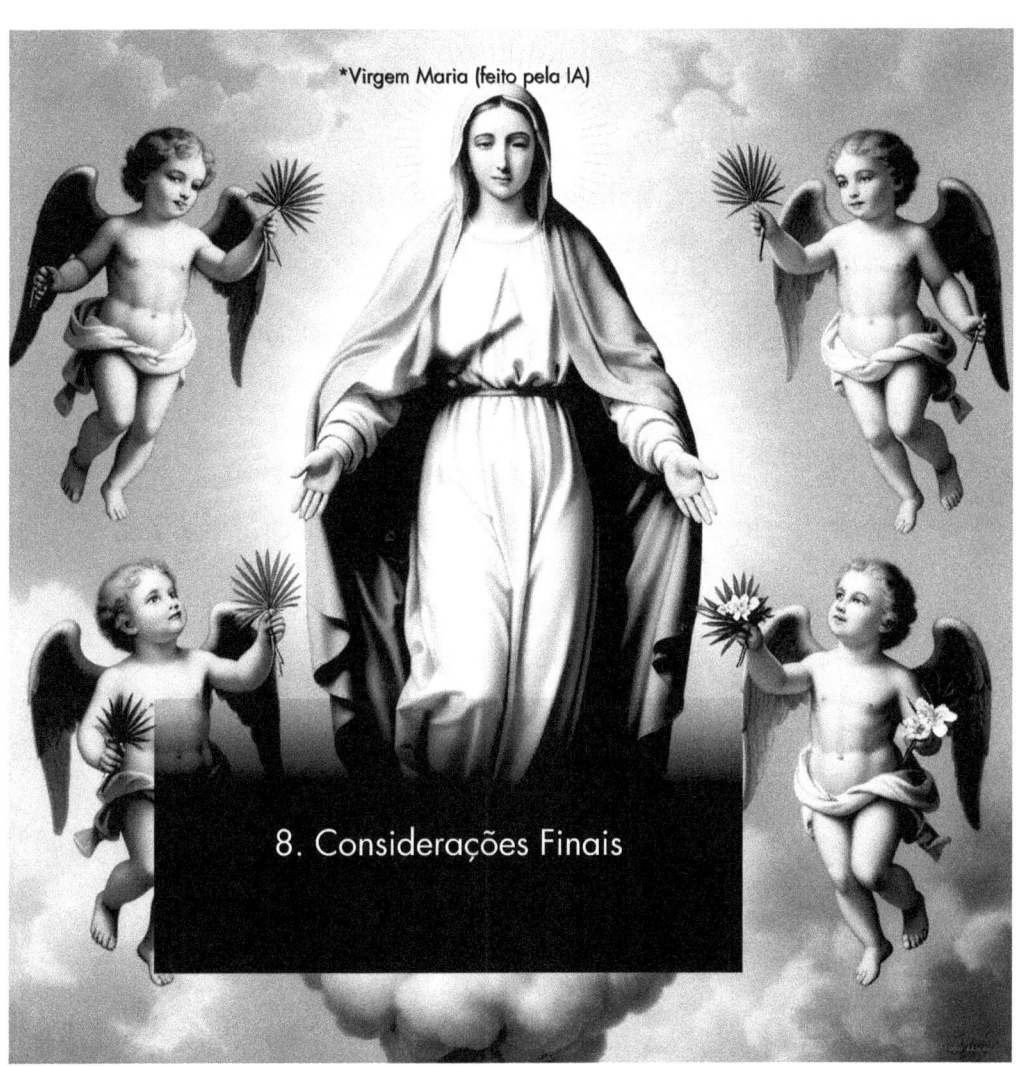

*Virgem Maria (feito pela IA)

8. Considerações Finais

Criar imagens de santos católicos usando inteligência artificial é uma forma poderosa de aliar tecnologia à arte sacra. O processo envolve criatividade tanto no desenvolvimento dos prompts quanto na escolha das ferramentas certas para gerar o estilo desejado. Com prática, você poderá gerar imagens belas e inspiradoras, perfeitas para projetos religiosos, meditação ou divulgação da fé.

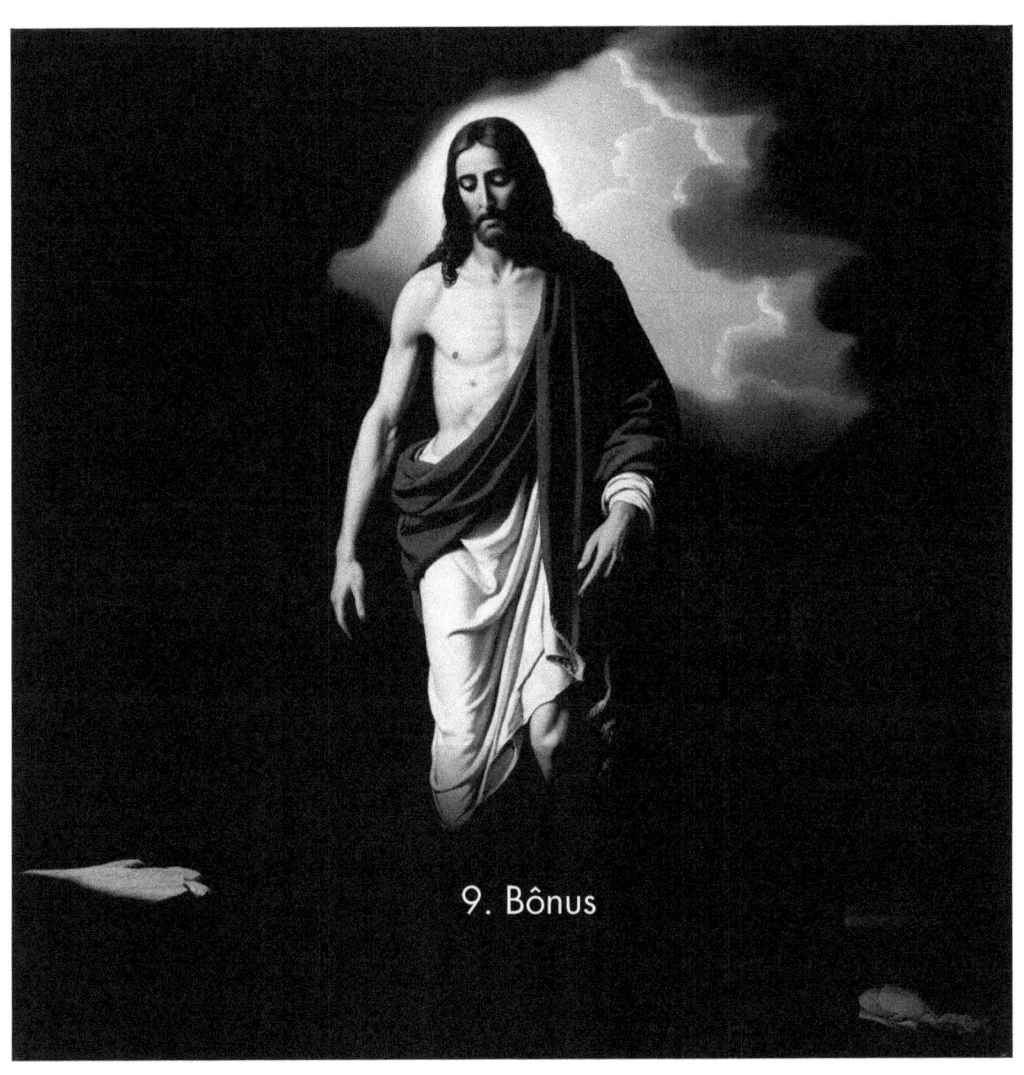

9. Bônus

EXEMPLOS DE SANTOS QUE FORAM REPAGINADOS PELA IA:

São Bartolomeu

Original

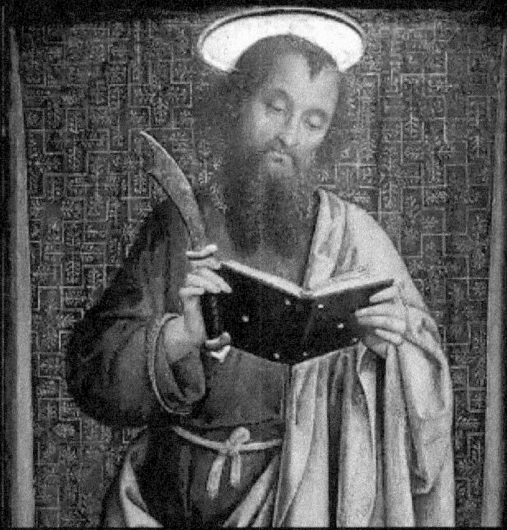

Gerado pela IA

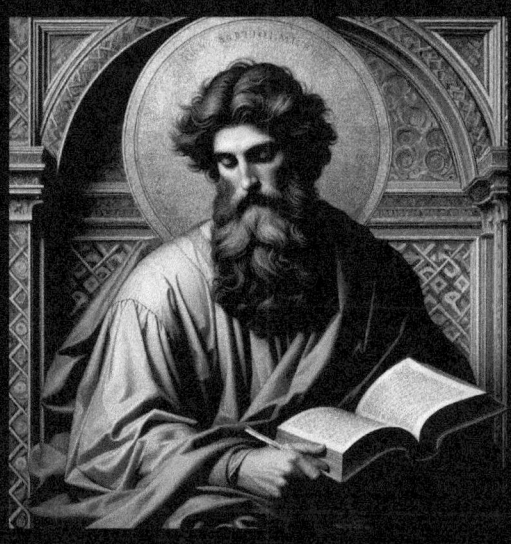

Original

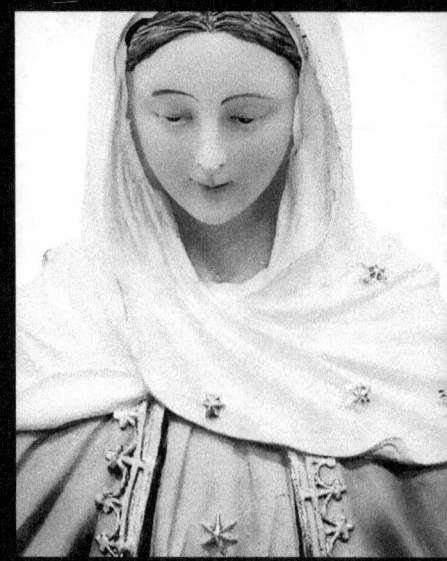

Gerado pela IA

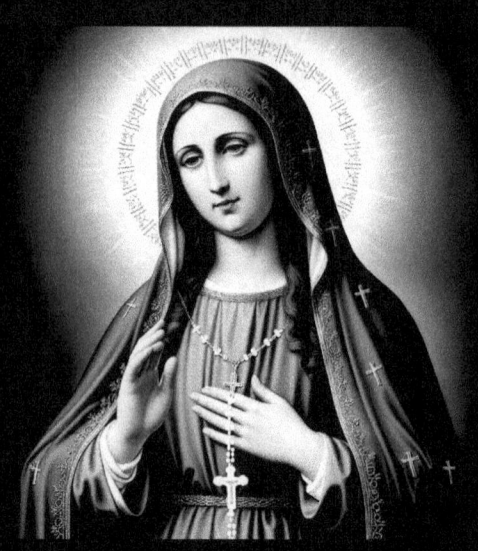

Nossa Senhora das Lágrimas

Nossa Senhora do Livramento

Original

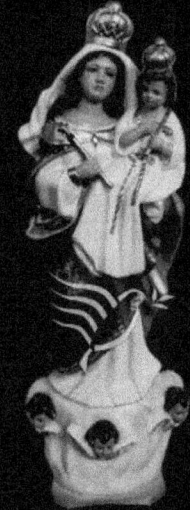

Gerado pela IA

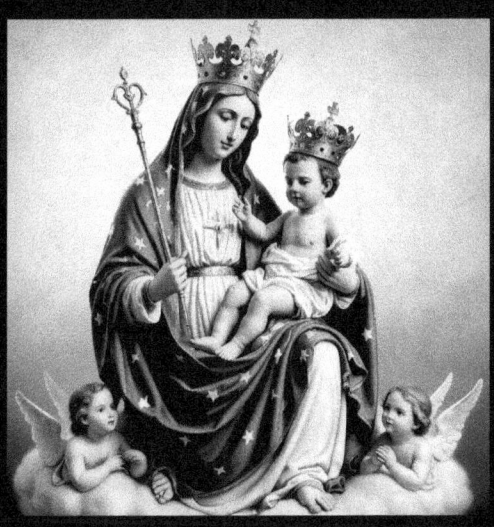

PROMPTS EM PORTUGUÊS

1. Estilo Realista

O estilo realista busca representar os santos com detalhes autênticos e naturais, focando em expressões humanas e ambientações históricas.

Prompt 1: "Retrato realista de Santo Antônio, com vestes marrons de monge, segurando o Menino Jesus, em um ambiente de igreja antiga com iluminação suave e detalhada."

Prompt 2: "Imagem realista de Santa Teresa de Ávila, com expressão serena, vestindo hábito de carmelita, em um cenário de convento com vitrais ao fundo."

Prompt 3: "São Francisco de Assis em estilo realista, com pássaros ao redor, vestindo uma túnica simples de tecido rústico, em um cenário campestre com árvores e céu ao entardecer."

Prompt 4: "Imagem realista de São Sebastião, com o corpo parcialmente coberto por uma túnica, amarrado a uma árvore, flechas ao redor, com uma expressão de dor e fé."

Prompt 5: "Nossa Senhora de Fátima em estilo realista, com vestes brancas, véu longo, e coroa de ouro, cercada por luz suave, com fundo de paisagem rural."

2. Estilo Vitral

Este estilo simula os vitrais de igrejas, com uso de cores vibrantes e contornos marcados que criam uma sensação de luz atravessando o vidro.

Prompt 1: "São Jorge em um estilo de vitral, com armadura brilhante e espada, montado em um cavalo branco, enfrentando o dragão, com fundo de vitrais coloridos."

Prompt 2: "Vitral de Santa Clara, com vestes marrons e véu branco, segurando um ostensório, cercada por flores e raios de luz, com detalhes intrincados e cores vivas."

Prompt 3: "Imagem de São Pedro em estilo vitral, segurando chaves douradas, com fundo de céu azul e detalhes de igrejas góticas em vidro colorido."

Prompt 4: "Santa Rita de Cássia em estilo vitral, com uma rosa e espinhos na cabeça, cercada por anjos, com cores intensas e contornos nítidos típicos de vitral."

Prompt 5: "São Miguel Arcanjo em um vitral com espada levantada, asas abertas, em pose de vitória sobre o mal, com luzes coloridas e um céu celestial no fundo."

3. Estilo Artístico Clássico

Este estilo é inspirado nas obras de arte sacra dos mestres renascentistas e barrocos, com uso de sombras dramáticas e detalhes ricos.

Prompt 1: "São João Batista em estilo clássico, com roupas simples, apontando para o céu, em um fundo de paisagem renascentista com colinas e rio."

Prompt 2: "Imagem de Santa Cecília, padroeira da música, em estilo barroco, com harpa dourada, vestida em roupas ricas e detalhadas, com expressões delicadas e ambiente de igreja."

Prompt 3: "Santa Catarina de Alexandria, em estilo clássico, segurando uma roda quebrada, vestindo roupas de princesa, com um fundo de paisagem dourada ao estilo renascentista."

Prompt 4: "São Tomás de Aquino em estilo clássico, com vestes de doutor da Igreja, segurando um livro e pena, cercado por luz celestial, com detalhes de bibliotecas antigas."

Prompt 5: "Santa Luzia em estilo artístico clássico, segurando uma bandeja com olhos, vestindo roupas de época com detalhes ricos, em um cenário de catedral."

4. Estilo Arte Moderna Minimalista

Este estilo apresenta os santos de maneira mais simplificada e estilizada, com ênfase em formas básicas, cores suaves e detalhes reduzidos.

Prompt 1: "Santa Teresa de Calcutá em estilo minimalista, com linhas simples e vestes brancas e azuis, transmitindo serenidade e compaixão."

Prompt 2: "São Bento em arte moderna minimalista, com linhas suaves, vestindo hábito preto, segurando um cajado e um livro, em fundo claro e simples."

Prompt 3: "São José em estilo minimalista, segurando o Menino Jesus, com cores suaves, formas simplificadas, transmitindo serenidade e proteção."

Prompt 4: "Imagem de Santa Joana d'Arc, com armadura e espada em estilo moderno minimalista, com traços limpos e expressivos, em cores neutras."

Prompt 5: "São Judas Tadeu em arte moderna minimalista, segurando um medalhão, com linhas básicas e poucas cores, transmitindo paz e simplicidade."

5. Estilo Ilustração Digital Estilizada

Esse estilo é popular em designs modernos e se destaca pela combinação de traços dinâmicos, cores vibrantes e uma abordagem contemporânea da iconografia sacra.

Prompt 1: "São Cristóvão carregando o Menino Jesus, com traços estilizados e cores vibrantes, ambientado em um rio com reflexos de luz digital."

Prompt 2: "Nossa Senhora Aparecida em ilustração digital estilizada, com manto azul brilhante e coroado de estrelas, cercada por um halo de luz dourada."

Prompt 3: "Santo Expedito em estilo de ilustração digital, com espada e palma da vitória, em um cenário urbano com elementos modernos e vibrantes."

Prompt 4: "Imagem de Santa Maria Madalena, com cabelos longos e expressão contemplativa, em ilustração estilizada com efeitos de luz e sombra digitais."

Prompt 5: "São Roque com seu cachorro, em uma ilustração digital estilizada, com traços suaves e cores luminosas que destacam a compaixão e fé."

PROMPTS EM INGLÊS

1. Realistic Style

The realistic style captures the saints with natural and authentic details, focusing on human expressions and historical settings.

Prompt 1: "Realistic portrait of Saint Anthony of Padua, wearing a brown monk's habit, holding the Child Jesus, in an old church setting with soft lighting and detailed background."

Prompt 2: "Realistic image of Saint Teresa of Avila, with a serene expression, wearing the Carmelite habit, in a convent setting with stained glass windows in the background."

Prompt 3: "Saint Francis of Assisi in a realistic style, surrounded by birds, wearing a simple tunic of rough fabric, in a countryside setting with trees and a sunset sky."

Prompt 4: "Realistic image of Saint Sebastian, partially covered with a white cloth, tied to a tree, arrows around him, with an expression of pain and faith."

Prompt 5: "Our Lady of Fatima in a realistic style, dressed in white robes, long veil, and a gold crown, surrounded by soft light, with a rural landscape in the background."

2. Stained Glass Style

This style mimics church stained glass, with vibrant colors and marked contours that create a sense of light passing through the glass.

Prompt 1: "Saint George in stained glass style, wearing shining armor and holding a sword, riding a white horse, fighting a dragon, with colorful stained glass backgrounds."

Prompt 2: "Stained glass of Saint Clare, with brown robes and a white veil, holding a monstrance, surrounded by flowers and rays of light, with intricate details and vivid colors."

Prompt 3: "Image of Saint Peter in stained glass style, holding golden keys, with a blue sky background and gothic church details in colored glass."

Prompt 4: "Saint Rita of Cascia in stained glass style, with a rose and thorns on her head, surrounded by angels, with intense colors and sharp contours typical of stained glass."

Prompt 5: "Saint Michael the Archangel in stained glass with a raised sword, open wings, in a victorious pose over evil, with colored lights and a celestial sky in the background."

3. Classic Artistic Style

This style is inspired by sacred art from Renaissance and Baroque masters, with dramatic shadows and rich details.

Prompt 1: "Saint John the Baptist in classic style, with simple clothing, pointing to the sky, in a Renaissance landscape background with hills and a river."

Prompt 2: "Image of Saint Cecilia, patroness of music, in Baroque style, with a golden harp, dressed in richly detailed clothing, with delicate expressions and a church setting."

Prompt 3: "Saint Catherine of Alexandria in classic style, holding a broken wheel, dressed in princess-like robes, with a golden landscape in Renaissance style."

Prompt 4: "Saint Thomas Aquinas in classic artistic style, wearing the robes of a Doctor of the Church, holding a book and a quill, surrounded by celestial light and ancient library details."

Prompt 5: "Saint Lucy in classic artistic style, holding a tray with eyes, dressed in period clothing with rich details, in a cathedral setting."

4. Modern Minimalist Art Style

This style presents saints in a simplified and stylized manner, emphasizing basic shapes, soft colors, and reduced details.

Prompt 1: "Saint Teresa of Calcutta in minimalist style, with simple lines and white and blue robes, conveying serenity and compassion."

Prompt 2: "Saint Benedict in modern minimalist art, with soft lines, wearing a black habit, holding a staff and book, in a clear and simple background."

Prompt 3: "Saint Joseph in minimalist style, holding the Child Jesus, with soft colors, simplified forms, conveying serenity and protection."

Prompt 4: "Image of Saint Joan of Arc, with armor and sword in modern minimalist style, with clean and expressive lines in neutral colors."

Prompt 5: "Saint Jude Thaddeus in modern minimalist art, holding a medallion, with basic lines and few colors, conveying peace and simplicity."

5. Stylized Digital Illustration Style

This style is popular in modern designs, combining dynamic lines, vibrant colors, and a contemporary approach to sacred iconography.

Prompt 1: "Saint Christopher carrying the Child Jesus, with stylized lines and vibrant colors, set in a river with digital light reflections."

Prompt 2: "Our Lady of Aparecida in stylized digital illustration, with a bright blue mantle and a crown of stars, surrounded by a halo of golden light."

Prompt 3: "Saint Expeditus in digital illustration style, with a sword and a palm of victory, in an urban setting with modern and vibrant elements."

Prompt 4: "Image of Saint Mary Magdalene, with long hair and a contemplative expression, in a stylized illustration with digital light and shadow effects."

Prompt 5: "Saint Roch with his dog, in a stylized digital illustration, with soft lines and luminous colors that highlight compassion and faith."

6. Byzantine Icon Style

This style emulates traditional Byzantine icons, characterized by flat perspectives, gold backgrounds, and stylized, symbolic representations.

Prompt 1: "Byzantine icon of Saint Nicholas, with a golden halo, wearing a bishop's robe with intricate patterns, holding a gospel book, and a solemn, stylized expression."

Prompt 2: "Icon of the Virgin Mary, dressed in a blue mantle with a gold border, holding the Child Jesus, with symbolic stars on her veil and a golden background."

Prompt 3: "Saint Michael the Archangel in Byzantine icon style, with wings spread, holding a sword and a shield, with a golden halo and stylized clouds in the background."

Prompt 4: "Byzantine icon of Saint John the Evangelist, with long hair, wearing a red robe, holding a quill and book, set against a flat, golden backdrop."

Prompt 5: "Saint George slaying the dragon in Byzantine style, with a heavily stylized horse, dragon, and a symbolic, flat representation of victory with a golden halo."

7. Abstract Contemporary Art Style

This style captures saints using abstract forms, dynamic brushstrokes, and a modern interpretation that emphasizes emotion and spiritual symbolism.

Prompt 1: "Abstract contemporary art of Saint Joan of Arc, with fragmented armor, dynamic brushstrokes representing fire and battle, focusing on her fearless expression."

Prompt 2: "Saint Francis of Assisi in abstract style, surrounded by swirling colors and shapes representing nature, animals depicted in fluid and symbolic forms."

Prompt 3: "Saint Thérèse of Lisieux in contemporary abstract style, with roses symbolized as large, vibrant brushstrokes, and her face softly abstracted, conveying purity and faith."

Prompt 4: "Abstract interpretation of Saint Sebastian, using geometric forms and contrasting colors to represent arrows and spiritual resilience against a dynamic, blurred background."

Prompt 5: "Our Lady of Sorrows in an abstract style, with flowing blue and black shapes, expressive brushstrokes representing her grief, and a subtle, symbolic heart with swords."

8. Naive Art Style

Naive art is characterized by simple, childlike perspectives, bright colors, and a lack of formal artistic rules, evoking a sense of innocence and devotion.

Prompt 1: "Saint Joseph in naive art style, holding the Child Jesus, with exaggeratedly simple features, bright colors, and a playful, rural setting full of flowers."

Prompt 2: "Saint Anthony in naive art, with a childlike smile, holding the Child Jesus, surrounded by simple, bright depictions of animals, and a colorful city background."

Prompt 3: "Naive art of Saint Teresa of Calcutta, with big, expressive eyes, simplistic clothing, surrounded by children, with bright colors representing joy and compassion."

Prompt 4: "Saint Elizabeth of Hungary in naive art, wearing a bright, exaggerated crown, with roses blooming at her feet, surrounded by a castle in a simplified, childlike style."

Prompt 5: "Saint Christopher in a naive art style, carrying the Child Jesus, with an oversized, simplified river, bright sky, and whimsical depictions of fish and trees."

9. Vintage Illustration Style

Vintage illustrations often draw from the art styles of the late 19th and early 20th centuries, using soft lines, pastel colors, and nostalgic imagery.

Prompt 1: "Vintage illustration of Saint Catherine of Siena, with soft colors, a traditional habit, holding a lily and book, in a peaceful, serene garden setting."

Prompt 2: "Saint Augustine in a vintage illustration style, wearing a bishop's robe, holding a quill and book, with old-fashioned patterns and a nostalgic, soft background."

Prompt 3: "Vintage-style image of Saint Cecilia, with an old-world feel, playing a harp, surrounded by soft, decorative elements like flowers and musical notes."

Prompt 4: "Saint Ignatius of Loyola in vintage illustration, wearing a priestly robe, with a reflective expression, in a study setting with old books and a globe."

Prompt 5: "Our Lady of Mount Carmel in vintage illustration style, holding the Child Jesus, with soft tones, delicate patterns, and nostalgic depictions of clouds and angels."

10. Religious Pop Art Style

Pop art brings a bold, contemporary twist, using bright colors, graphic elements, and often a playful or ironic take on traditional imagery.

Prompt 1: "Pop art depiction of Saint Jude Thaddeus, with bright, contrasting colors, bold outlines, holding a medallion, with dynamic graphic patterns in the background."

Prompt 2: "Saint Mary Magdalene in pop art style, with vibrant pinks, reds, and purples, dramatic expressions, and stylized graphic roses surrounding her."

Prompt 3: "Saint Peter in pop art, with exaggerated features, bright blue and yellow robes, holding the keys, set against a comic book-like background with bold graphics."

Prompt 4: "Pop art of Our Lady of Guadalupe, with vibrant greens, golds, and reds, surrounded by stylized rays of light and graphic floral patterns."

Prompt 5: "Saint Therese of Lisieux in pop art, with large, exaggerated roses, bright pink and red colors, with a graphic, contemporary twist on her classic image."

DICA FINAL

Para situação atípica de geração de imagem de acordo com a característica do Santo:

1. Pesquise a Imagem na plataforma Pinterest e escolha o modelo ou estilo da imagem;
2. Após a escolha, suba a imagem no CHATGPT (opção de inserir a imagem)
3. Peça a IA que descreva todos os detalhes da imagem e posteriormente, escrever um prompt da mesma
4. Por fim, copie o prompt elaborado pelo ChatGPT e cole na IA de geração de imagem escolhida (podendo ser qualquer uma)

*Dica também válida para foto comum

SOBRE O AUTOR

Natural de São Paulo (SP), Daniel Menezes da Silva é Editor de Vídeo, Designer Digital e criador de Conteúdo para Internet, mas sua verdadeira paixão sempre foi escrever. Já escreveu diversos textos sobre diferentes temas e, graças à parceria com sua afilhada (uma criança de 4 anos), mergulhou na criação de histórias infantis a partir de brincadeiras e desafios que compartilhavam juntos durante as férias escolares na creche.

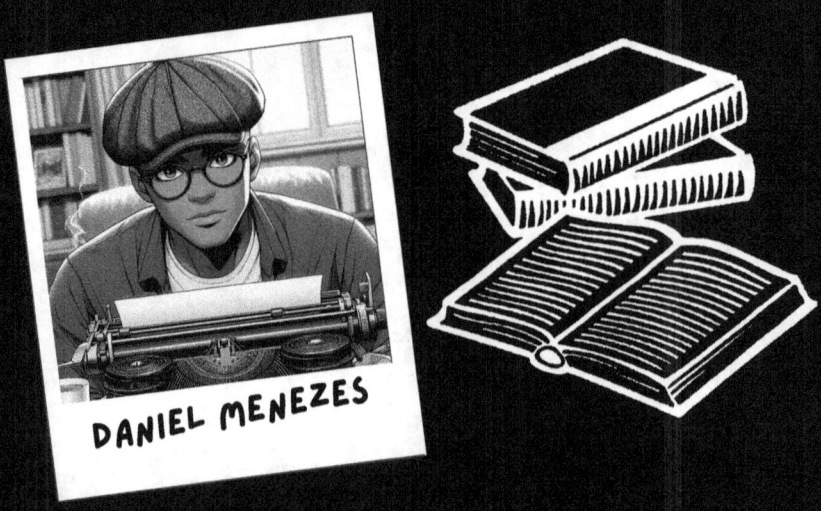

www.ingramcontent.com/pod-product-compliance
Lightning Source LLC
Chambersburg PA
CBHW070356230526
45471CB00006B/2601